Lightning Source UK Ltd.
Milton Keynes UK
UKHW051905060220
358307UK00009B/431

9 781714 334766